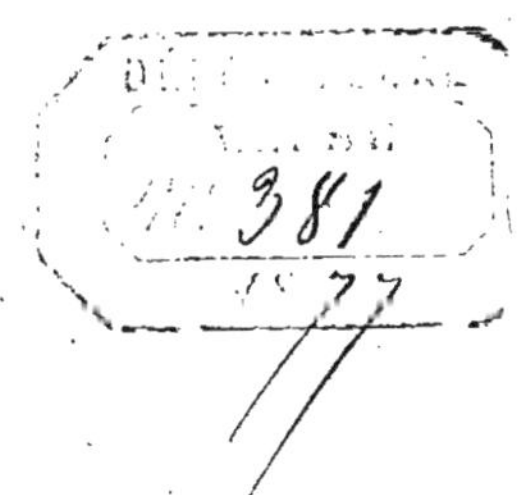

NOTICE

SUR LE

FRÈRE JEAN-BAPTISTE

DE LA CONGRÉGATION DU SAINT-ESPRIT

ET DU SAINT-COEUR-DE-MARIE

Par le Comte Ch. D'HÉRICOURT

NOTICE

SUR LE

FRÈRE JEAN-BAPTISTE

DE LA CONGRÉGATION DU SAINT-ESPRIT

ET DU SAINT-COEUR-DE-MARIE

Par le Comte Ch. D'HÉRICOURT

BAR-LE-DUC

IMPRIMERIE CONTANT-LAGUERRE

1878

ASSOCIATION DE SAINTE-MÉLANIE.

NOTICE

SUR LE

FRÈRE JEAN-BAPTISTE,

DE LA CONGRÉGATION DU SAINT-ESPRIT

ET DU SAINT-COEUR-DE-MARIE.

La vie d'un religieux est toujours difficile à écrire : la règle qui la domine la rend uniforme, l'humilité la fait cachée. Le religieux ne vit que pour Dieu, il dérobe à tous ses luttes et ses combats, qui ne sont connus que de Dieu seul. Les marques d'amour et de charité qu'il prodigue à son prochain sont enveloppées, par sa vertu même, d'un mystère jaloux; on sent son influence, on voit le bien qu'il a produit autour de lui; mais ses actes restent ignorés : découvrir quelqu'un de ces traits de dévouement et d'abnégation qui ont été si nombreux durant sa vie, c'est faire une conquête sur les ingénieux secrets de son humilité.

Vous ne vous étonnerez pas dès lors, Messieurs et chers Confrères, que je ne vienne vous présenter qu'une bien courte biographie du Frère Jean-Baptiste, et que cette existence si remplie ne m'ait fourni que quelques pages. J'ai été assez heureux, toutefois, pour retrouver plusieurs anecdotes intimes que j'ai groupées autour des trois ou quatre dates qui résument cette vie. Puisse cette notice, toute incomplète qu'elle est, aider à conserver la mémoire du Frère Jean-Baptiste, semblable à ces tableaux de famille, naïfs et sans art, que l'affection seule trouve ressemblants, mais qui du moins fixent et perpétuent le souvenir de ceux qu'on a aimés.

Jean-Baptiste MEUGNIER, en religion *Frère Jean-Baptiste*, naquit à Mory (diocèse d'Arras), le 1er août 1827. Ses parents étaient cultivateurs, et il resta auprès d'eux, s'occupant des travaux des champs, jusqu'au jour (24 janvier 1847) où il vint à la Neuville-les-Amiens se présenter au noviciat de la Congrégation du Saint-Cœur-de-Marie. Il y fut admis de suite, mais pour éprouver sa vocation, on lui confia les plus humbles emplois de la maison. Ceux qui l'ont connu à cette époque nous ont rapporté qu'il était d'une grande timidité : il parlait peu et ne sortait de sa réserve qu'avec les pauvres. Sa grande joie était de les visiter, et après chaque repas il recueillait les restes qu'il allait leur porter, quelque temps qu'il fit. Le procès d'introduction de la cause du Vénérable Père Libermann, dans lequel il eut l'honneur de figurer comme témoin, nous apprend que pendant son noviciat il eut de nombreux entretiens avec ce grand serviteur de Dieu : c'est sans doute auprès de lui qu'il puisa cette douceur de caractère et ce zèle pour le salut des âmes qu'il n'a cessé de montrer durant toute sa vie.

De la Neuville, le Frère Jean-Baptiste fut envoyé à Notre-Dame du Gard, puis à la maison que sa congrégation venait de fonder à Amiens, dans le faubourg Noyon. Il fut tour à tour dans ces deux communautés, réfectorier et portier. Ainsi qu'il devait plus tard le faire à Paris, il s'occupait, tout en remplissant cette dernière charge, des enfants du peuple, qu'il attirait auprès de lui pour les instruire et leur faciliter l'accomplissement de leurs devoirs religieux. Il savait également intéresser à leur sort les personnes riches qui venaient visiter les Pères; et presque toujours après avoir procuré à ces enfants les bienfaits de la religion, il leur trouvait du travail ou des protecteurs.

En 1852, après la mort du Vénérable Père Libermann, le Révérend Père Schwindenhammer fut appelé à la direction générale de la congrégation du Saint-Cœur-de-Marie, qui s'était réunie à celle du Saint-Esprit. Le nouveau supérieur, qui avait apprécié, à Notre-Dame du Gard, les qualités du Frère Jean-Baptiste, le chargea de la porterie (1) de la maison-mère de l'Institut, à Paris, rue Lhomond, n° 30.

Le Patronage Sainte-Mélanie venait d'être fondé rue des Fossés-Saint-Jacques. Cette Œuvre qui avait pour but de s'occuper à la fois des intérêts religieux et matériels des enfants de la classe ouvrière, et dont le caractère d'humilité répondait si bien à l'esprit du Vénérable Père Libermann, avait été de suite adoptée par sa congrégation qui en avait accepté la direction spirituelle. Le Frère ne fut pas tout d'abord mêlé à la vie du Patronage : il se contentait d'y envoyer des enfants. Peu à peu il fit connaissance avec les confrères, que les nécessités de l'Œuvre amenaient au séminaire, et il commença dès lors, par les conversations qu'il avait avec eux, à prendre une part active dans la direction du Patronage.

Il n'y avait eu jusque là qu'une messe de midi, sauf aux grandes fêtes de l'année. On sentait le besoin d'avoir chaque dimanche une messe du matin où les Confrères et les patronnés pussent communier dans la chapelle de l'Œuvre. La réalisation de ce vœu présentait de grandes difficultés : les Pères étaient trop peu nombreux pour accepter cette nouvelle charge, l'Œuvre trop pauvre pour fournir les honoraires d'un prêtre : il fallait donc compter sur la Providence. Chaque semaine on devait trouver un célébrant pour le dimanche suivant, et, presque toujours, ce n'était qu'après de nombreuses démarches

(1) La charge de portier est une fonction toute de confiance dans les communautés. Saint Benoît, le grand législateur des ordres religieux d'Occident, la place à l'un des premiers rangs, parmi les emplois intérieurs des monastères. Au témoignage de ses supérieurs, le Frère Jean-Baptiste remplit toujours cette fonction avec fidélité, zèle et dévouement. Il avait un tact remarquable dans ses rapports avec les personnes qui se présentaient à la porte ou aux parloirs du séminaire; et sa modestie, sa prévenante affabilité ont laissé une impression dont on conserve le meilleur souvenir.

et de longues courses qu'on parvenait à assurer la messe du matin.

Plus que tout autre, le Frère s'employait à ces difficiles recherches : il allait dans les séminaires, dans les communautés, et même dans les hôtels, s'enquérir des prêtres qui pourraient rendre ce service à l'Œuvre. Un des heureux résultats de cette messe du matin fut d'amener le Frère à s'occuper régulièrement du Patronage. A dater de ce moment, il y vint, en effet, chaque dimanche et prit une large part dans la conduite de l'Œuvre.

En 1864, sous son inspiration, le conseil de Sainte-Mélanie, dans le but de recueillir les jeunes ouvriers éloignés ou privés de leurs parents, et de leur procurer autant qu'il était possible les avantages de la vie de famille, loua, rue Lhomond, 28, une maison contiguë au séminaire du Saint-Esprit. Une commission fut fondée pour administrer cette nouvelle Œuvre, et le Frère en fut un des membres les plus actifs. On le chargea de veiller sur les heures de rentrée des jeunes gens. C'est à lui que les retardataires venaient demander la clef de la maison qui, chaque soir, à dix heures, lui était remise. Aux approches du jour de l'an qui amène toujours un redoublement de travail dans l'industrie parisienne, il ne se passait point de nuit qu'il ne fût plusieurs fois réveillé : souvent même n'ayant plus la clef par devers lui, il devait se lever, malgré le froid, pour ouvrir la porte en passant par un couloir intérieur. Jamais il ne témoigna d'impatience d'avoir été troublé pendant son repos; sa parole, nous ont dit les ouvriers, était aussi affectueuse qu'à l'ordinaire, son bonsoir aussi cordial.

Bientôt on autorisa les plus grands d'entre les enfants du Patronage, à venir passer leur soirée dans cette maison et à profiter des jeux qui avaient été mis à la disposition des jeunes locataires. Un petit Cercle se trouva fondé. Le Frère venait rarement à ces réunions : il n'en avait pas besoin pour exercer son apostolat auprès des jeunes gens. Ceux-ci avaient, en effet, l'habitude de l'aller trouver avant de se rendre au Cercle et de commencer leur soirée auprès de lui. On causait et on riait en se promenant sous le grand porche du séminaire; les Pères venaient de temps en temps se mêler à ces joyeuses conversations, et souvent des ouvriers profitaient de leur présence pour se confesser. A huit heures et demie, quand la cloche annonçait la fin de la récréation, tous les jeunes gens se rendaient au Cercle qui, de suite, se trouvait ainsi nombreux et animé.

Les membres du Cercle formaient une véritable famille, où régnait l'intimité la plus touchante : si quelqu'un d'entre eux était souffrant, les réunions avaient lieu dans sa chambre. Le jour, pendant que le travail éloignait ses camarades, le Frère venait, autant qu'il le pouvait, tenir compagnie au malade. Il devenait à proprement parler son serviteur; il lui faisait ses courses, lui tenait lieu d'infirmier et savait toujours, dans sa charité ingénieuse, lui procurer quelque plaisir ou lui trouver quelque distraction.

L'affection que tous les enfants avaient pour le Frère, l'attachait à l'Œuvre par des liens de jour en jour plus forts. Son esprit, éclairé par de sérieuses réflexions, était sans cesse en quête de progrès à réaliser. Ce fut lui qui décida le Président, M. Chaulin, à transporter, 26, rue Lhomond, le Patronage qui venait d'être exproprié. Il aimait à raconter comment il avait rêvé longtemps, sans oser l'espérer, voir l'Œuvre de Sainte-Mélanie s'établir dans cette grande cour spacieuse et plantée d'arbres qu'il apercevait des fenêtres du Cercle. Il avait compris, en effet, le développement qu'une bonne installation devait donner aux réunions du dimanche et le profit que les enfants retireraient du voisinage du séminaire.

Aussi quand il apprit que les difficultés qui avaient un moment arrêté l'établissement du Patronage dans le nouveau local étaient toutes levées, il éprouva l'une des plus grandes joies de sa vie.

« Notre cher Chaulin, écrit-il à cette occasion, sort de chez » moi pour me dire que l'affaire du 26 est finie. Vive Jésus et » Marie! Voyez-vous, mon bien cher, comme le Bon Dieu aime » le Patronage. *Magnificat anima mea Dominum.* Oui, le Sei- » gneur a fait de grandes choses! »

A dater de l'installation du Patronage rue Lhomond, le Frère put donner un libre essor à ce zèle, à ce dévouement et à cette abnégation que tous nous avons admirés. Il y passait tous les moments dont il pouvait disposer, et même en remplissant sa charge de portier il ne manquait pas de faire de la propagande en faveur de sa chère maison de Sainte-Mélanie. Aux dames, qui venaient au séminaire, il demandait des aumônes, aux jeunes gens leur concours, aux ouvriers leurs fils. Il n'est point jusqu'aux jeunes enfants auxquels il ne parlât de l'Œuvre. Combien de fois nous lui avons entendu dire à de tout petits garçons en leur remettant des médailles ou des images : « Mon bon enfant, il faut bien aimer le Bon Dieu, bien faire votre prière, et si vous êtes toujours sage, quand vous serez grand, vous viendrez au Patronage. »

Dans l'Œuvre, le Frère remplissait le rôle d'un simple membre; il causait avec les enfants, les surveillait et les faisait jouer, pratiquant toujours le précepte d'être tout à tous. Toutefois, il s'occupait avec prédilection des natures les plus rebelles; quand un apprenti avait résisté aux avis de tous, on l'amenait au Frère qui presque toujours triomphait de son opiniâtreté. Il nous souvient en particulier d'un enfant qui, chaque jour, s'abandonnait à son coupable penchant pour le vin; ni conseils, ni menaces de renvoi, n'avaient produit d'effet sur lui; il gémissait de sa faiblesse mais sans se corriger pourtant. Le Frère entreprit cette conversion : il fait promettre à l'enfant de venir tous les soirs lui rendre compte de sa conduite : en deux mois son affection, sa patience et ses douces remontrances avaient obtenu un résultat que personne n'avait pu atteindre.

On pourrait multiplier les traits de ce genre qui montreraient l'influence du Frère sur les enfants et la confiance que ceux-ci avaient en lui; mais le cadre de cette notice ne le comporte pas. Qu'il nous soit toutefois, permis de citer encore un fait qui prouve que ces sentiments se conservaient dans le cœur des enfants bien après leur départ de l'Œuvre.

C'était pendant le Concile, le R. P. Barillec, notre aumônier, était à Rome avec son supérieur général. Le Frère voit arriver à la porte du séminaire un enfant qui avait depuis quelque temps quitté le Patronage et abandonné toute pratique religieuse; il cause avec lui, lui reproche doucement son genre de vie et finalement le décide à se réconcilier avec Dieu. « Allez me chercher le Père Barillec, dit l'apprenti. — Il est à Rome, mon bon enfant, répond le Frère. — Eh bien! confessez-moi : je ne veux que vous ou lui. »

Si le Frère avait pu regretter de ne pas être prêtre, c'eût été dans cette circonstance : mais il était trop soumis à la Volonté divine pour souhaiter une autre position que celle où l'avait placé la Providence. Un de nos ouvriers lui dit un jour qu'il aurait rendu bien des services comme prêtre, et qu'il était malheureux qu'il ne le fût pas. « Je ne pense pas comme vous, répondit-il; Dieu a ses vues et compte autrement que les hommes. »

Ce n'était pas seulement le dimanche au Patronage que le Frère exerçait son apostolat auprès des apprentis; grand nombre d'entre eux allaient, pendant la semaine, le voir au séminaire et lui demander des conseils. Un de nos anciens ouvriers me disait dernièrement : « Lorsque j'ai eu perdu mon père, le Frère Jean-Baptiste m'en a tenu lieu; je ne lui ai jamais rien caché; je lui contais mes joies et mes peines, lui exposais mes projets d'avenir; j'ai toujours suivi ses conseils et je m'en suis bien trouvé. » — Chaque soir, on voyait à la porterie de la communauté plusieurs enfants, qui, en rentrant de l'atelier, étaient venus souhaiter le bonsoir au Frère et causer avec lui. Quelquefois ils arrivaient en courant et n'ayant pas mangé. Plusieurs avaient l'habitude, quand ils revenaient du travail après la fermeture des portes du séminaire, de frapper à la fenêtre du Frère qui la leur ouvrait sans bruit et leur tendait la main en leur disant un mot d'encouragement et d'affection.

Les apprentis et les ouvriers du Patronage n'étaient pas les seuls à le visiter pendant la semaine : les directeurs étaient aussi assidus. Qui de vous, Messieurs, ne se souvient de ces bons moments passés auprès de cet ami dévoué, de ces conversations si affectueuses qui, pour plusieurs d'entre vous, se sont continuées plus tard par lettres? De ces aimables causeries il ne reste plus qu'un souvenir bien effacé : on se rappelle le plaisir qu'on y prenait, le profit qu'on en retirait, mais on ne pourrait citer aucun de ces mots qui vous charmaient et vous rendaient meilleurs.

En parcourant les correspondances que plusieurs de nos confrères ont bien voulu mettre à ma disposition, j'ai retrouvé comme un reflet des bonnes conversations du Frère dans ces lettres charmantes écrites à la hâte, souvent commencées, puis abandonnées pour être continuées plus tard, et qui pourtant toutes sont remplies de tant de cœur et de délicatesse. Les unes sont adressées à des religieux et contiennent avec quelques nouvelles du Patronage des conseils sur la perfection; mais leur caractère trop personnel ne me permet d'en citer aucune. Il n'en est point ainsi d'autres écrites à des gens du monde, et je ne puis résister au désir d'en extraire quelques lignes.

« Je sens le besoin de vous féliciter de votre bonheur, vous » êtes père, voilà une perle ajoutée à votre couronne, voilà » une plante que le Bon Dieu vous donne à cultiver, afin qu'elle » produise des fruits pour la vie éternelle; oui, mon bien cher, » voilà un patronage de chaque instant. Daigne le Divin Maître » le bénir toujours; et n'allez pas vous fâcher, mais je lui de» mande, à ce bon Jésus, de se choisir des fleurs dans ce jar» din, c'est-à-dire qu'il fasse de vos enfants des prêtres et des » religieuses.....

» Je suppose que votre famille est en bonne santé : c'est le » champ que le Père de famille vous a donné à cultiver, mon » cher ami. Quelle est donc belle la mission de former des » cœurs à l'amour de Notre Seigneur Jésus-Christ; *c'est un » tableau que l'on peint pour le contempler pendant l'éternité :* » oui, j'unis mes faibles prières aux vôtres pour ces chers en» fants que Dieu vous envoie.

» Parlons un peu aussi de ces autres enfants que vous n'ou» bliez pas non plus; d'autant plus dignes d'intérêt qu'ils sont » plus malheureux. . . . .

» Depuis que j'ai reçu votre dernière lettre, j'ai prié et fait » prier plus souvent à votre intention. Vous sachant dans la » souffrance, mes prières n'en seront que plus nombreuses. » J'ai demandé à Dieu de m'envoyer la plus grande part de vos » peines et de vous aider à supporter le reste. Tant que nous

» serons sur la terre, nous aurons à souffrir. A l'exemple du » Divin Maître, il faudra porter votre croix, que vous le vouliez » ou non, dit l'auteur de l'*Imitation*. Mon bon Monsieur, les » croix sont amères, mais le fruit en est bien doux, et toutes » les bonnes œuvres que nous pouvons faire se réduisent à » bien peu de chose en comparaison de souffrances supportées » avec patience pour Dieu. »

Mais je dois arrêter ces citations que je pourrais prolonger longtemps encore. J'ai voulu seulement montrer, par ses lettres, la manière dont le Frère comprenait l'amitié, et faire concevoir par là le charme que pouvaient avoir les entretiens familiers avec lui.

Dans ces conversations on parlait de maintes choses, mais surtout du Patronage et de sa direction. Bien que le Frère Jean-Baptiste ne fît pas partie du Conseil de Sainte-Mélanie, il se trouvait ainsi avoir une influence très-réelle sur les déterminations qui s'y prenaient; on le consultait, du reste, toujours dans les affaires importantes, et son avis était, en général, regardé comme un des meilleurs à suivre. Dans les questions de matériel, son concours était des plus précieux; son esprit pratique suppléait à l'inexpérience des Confrères et sa persévérance à leur jeunesse. On lui doit un grand nombre d'améliorations qui permirent de louer les chambres de la maison jusqu'alors presque toutes inoccupées, et d'atteindre un double but, l'augmentation des ressources de l'Œuvre et le recrutement plus facile des Confrères. C'était surtout ce dernier résultat qu'il souhaitait obtenir : il croyait avec raison que des jeunes gens chrétiens préféreraient à l'hôtel une maison où ils trouveraient, en quelque sorte, la vie de famille, et qu'en voyant fonctionner le Patronage, ils ne tarderaient pas à l'aimer et à s'y consacrer. Mais que de déboires devait éprouver le Frère avant de voir se réaliser ses espérances! Que d'obstacles ne devait-il pas surmonter! Difficultés avec les gens de service, chez lesquels il aurait voulu trouver une complète abnégation; difficultés avec les locataires qui se plaignaient, non sans raison, du manque de confort; difficultés aussi avec le Conseil, dont plusieurs membres avaient été rendus peu sympathiques à des essais infructueux, absorbant sans résultat un temps précieux. Deux fois le Frère dut renoncer momentanément à l'exécution de ses projets, et ce ne fut qu'après six ans d'efforts qu'il parvint à établir la maison sur le pied prospère où elle se trouve aujourd'hui.

Une œuvre plus délicate allait s'imposer à la sollicitude du Frère Jean-Baptiste, je veux parler de l'Orphelinat qui fut fondé au Patronage, en 1869. Lorsque le Patronage fut transporté au nº 26 de la rue Lhomond, le troisième étage de la maison avait été consacré au logement des ouvriers qui habitaient précédemment au nº 28. Mais la plupart des chambres qui leur avaient été réservées étaient devenues vacantes. M. de Falvelly, qui avait beaucoup admiré l'établissement de M. l'abbé Courtade, forma le projet de les consacrer à des apprentis sans famille : c'était à la fois éviter à ces enfants les dangers du coucher chez le patron et avoir sur eux une plus grande influence. L'installation fut très difficile : on se heurtait tous les jours à des obstacles qu'on n'avait pas prévus et l'inexpérience très naturelle des jeunes Confrères rendait encore plus malaisée une œuvre que le dévouement ne pouvait suffire à diriger.

Il fallait entrer journellement dans mille petits détails de lingerie, d'entretien de vêtements, de cuisine, etc. Le Frère secondait puissamment les jeunes gens chargés de la conduite de cet Orphelinat, qui n'aurait pu exister sans son concours, ni surtout traverser les tristes jours du siége et de la Commune. On ne se rendra jamais un compte exact des immenses services qu'il rendit à cette Œuvre pendant ces difficiles moments. Malgré la disette, les sept à huit enfants qu'on avait recueillis n'eurent à souffrir ni de la faim, ni du froid : sa charité ingénieuse sut toujours leur procurer le nécessaire. Aucun sacrifice ne coûtait d'ailleurs à son humilité : un jour qu'il n'avait pu pénétrer jusqu'à la cuisine d'un collége voisin, il attendit à la porte, au milieu des pauvres, qu'on lui remit les portions destinées à l'Orphelinat.

Ce fut également le Frère Jean-Baptiste qui, la plupart des dimanches, procura le pain nécessaire à la collation des enfants. Laissez-moi vous conter comment au fort du rationnement il parvint certain jour à atteindre ce résultat : ce trait vous fera comprendre à quels expédients il dut souvent avoir recours.

Le Frère Jean-Baptiste avait intéressé à l'Œuvre une boulangère du quartier, mais seule cette femme ne pouvait rien : pour livrer du pain il lui fallait l'autorisation du commissaire, que chaque jour, aux heures de vente, la mairie envoyait dans sa boutique. Il pria alors M. Maujay, qui remplissait, en l'absence de M. de Falvelly, les fonctions de Président, de rédiger une réquisition qu'il fit porter à la boulangerie. En recevant cet ordre signé d'un nom inconnu et timbré du grand cachet de la maison, le commissaire hésite d'abord, puis il se fait expliquer ce qu'était notre Œuvre, et enfin livre le pain qui lui était demandé.

Assurer la nourriture des enfants n'était pas la seule difficulté dont on eut à se préoccuper, il fallait les surveiller et les amuser. Les Confrères restés à Paris venaient le plus qu'ils pouvaient au Patronage, mais de même que les ouvriers ils faisaient tous partie de la garde mobile ou des bataillons de marche de la garde nationale, et n'avaient dès lors que peu d'instants à consacrer à l'Œuvre. Le Frère, au contraire, se multipliait pour que rien ne souffrît dans la maison. Je n'ai jamais mieux apprécié la gaieté de son caractère : il savait faire jouer les enfants, les amusait avec des rondes, ou leur contait des histoires. Et dans ces longues heures passées dans la cave où s'était installé l'Orphelinat, que d'efforts ne dut-il pas faire pour éloigner l'ennui et conserver la bonne humeur des jeunes réfugiés?

Quand la Commune eut été proclamée, les Pères du Saint-Esprit se virent dans la nécessité d'abandonner le séminaire de la rue Lhomond, dont la garde fut confiée au Père Besserat. Le Frère Jean-Baptiste fut laissé également à Paris où il conserva la porterie, poste souvent bien délicat à cette époque.

Le jeudi, 4 mai, pendant la perquisition qui se fit au séminaire, le Frère fut constitué prisonnier dans sa loge. Mais je laisse ici la parole au Père Besserat, qui, dans une lettre au

Supérieur général de sa Congrégation, rapporte les événements.

« Le bon Frère était au comble des honneurs : trois sentinelles montaient la garde à sa porte et veillaient sur ses jours : une au parloir, une dans le couloir, une à la porte d'entrée. La Commune avait déployé un vrai luxe de surveillance. Il était donc impossible au Frère de communiquer avec le dehors. Cependant l'heure du dîner était passée depuis longtemps et le Frère sentait que les honneurs ne nourrissent pas beaucoup; il fallait songer à quitter la prison... et puis il avait à aller chercher des sous pour les pauvres. Le Frère Jean-Baptiste appelle une sentinelle : « Mon ami, ne puis-je donc pas sortir? — Non, mon Frère, vous êtes consigné. — Mais j'ai besoin de sous pour ces pauvres gens que vous voyez là dans la rue; puis-je, au moins appeler l'un deux et lui donner la commission par la fenêtre? — Oh! vous pouvez tout faire par la fenêtre; ma consigne ne regarde que la porte. » — Un pauvre vient, reçoit la commission et rapporte bientôt les sous.

» Une première partie était gagnée, le Frère songe à en gagner une seconde. « Maintenant, mon ami, dit-il, est-ce que je ne pourrais pas aller dîner? — Tout ce que vous voudrez, mon Frère, je n'ai de consigne que pour la porte. » — Le Frère profite de la bienveillance du garde, va dîner et rapporte un bouillon à sa sentinelle qui lui en fait mille remercîments. »

Ce récit a un charmant épilogue que le Père Besserat paraît avoir ignoré. Profitant de ce qu'il était en bons termes avec le garde national, le Frère se mit à lui parler; il s'informa de son état, de sa famille, et ayant appris que cet homme avait un fils de treize ans qui n'avait pu suivre aucun catéchisme, « Mon bon ami, lui dit-il, quand la Commune sera terminée vous enverrez votre fils au Patronage et on lui fera faire sa première communion. »

Le 16, le Père Besserat fut accusé, ainsi que le Frère, d'avoir brisé les scellés qui avaient été mis sur quelques chambres du séminaire. Il fut question de les envoyer à la Roquette; mais on décida seulement qu'ils devraient quitter leur couvent. Le Père se réfugia au Val-de-Grâce : quant au Frère il vint s'établir au Patronage. C'était peu prudent assurément de choisir un domicile aussi proche du séminaire, mais il ne pouvait s'éloigner de sa chère maison de Sainte-Mélanie, que les orphelins habitaient toujours et que les apprentis fréquentaient très-assidûment. Toutefois il se résigna bientôt à n'y point passer la nuit et à profiter de l'hospitalité qui lui était offerte de plusieurs côtés.

Il est à remarquer qu'aucune dénonciation ne fut portée contre le Frère, qui circula toujours dans le quartier sans être inquiété. Cependant il était bien connu et l'habit laïque qu'il avait revêtu le trahissait plutôt qu'il ne le protégeait. Les mères de famille avaient pris soin de prévenir leurs petits enfants qui auraient pu le compromettre de ne plus lui dire que Monsieur : aussi, racontait-il, je m'entendais souvent appeler *Monsieur mon Frère Jean-Baptiste.*

Bien des témoignages d'affection, bien des preuves de dévouement furent donnés à cette époque au Frère Jean-Baptiste par les gens du peuple. Tel marchand de vins lui faisait connaître ce qui avait été dit dans son cabaret du Père Besserat et de lui; tel charbonnier l'informait qu'il pouvait paraître sans crainte dans le quartier; une fruitière l'empêcha d'être arrêté par un officier de garde nationale chez lequel son costume avait fait naître des soupçons. On était heureux de pouvoir rendre service à celui que toujours on avait trouvé si bon et si serviable.

Néanmoins il fallut quitter Paris : le bruit circulait que des armes et des vêtements militaires étaient cachés au séminaire, et on parlait de fusiller le Père Besserat et le Frère Jean-Baptiste. Ce n'était qu'une menace populaire sans importance, mais qui pouvait, à un moment donné, être mise à exécution.

Notre confrère, le docteur Le Roy, qui était à cette époque interne à l'hospice de Charenton et qui avait conservé des relations dans Paris, s'offrit à faire évader les deux religieux. Il s'entendit avec un habitant de Bercy, qui, grâce à une carte d'électeur fournie par un marchand du quartier Saint-Jacques, put, sur sa barque, les faire sortir l'un après l'autre des fortifications (21 mai). Le Frère demeura auprès du docteur Le

Roy à l'hospice où il dut, si nos souvenirs sont exacts, revêtir le grand uniforme gris des convalescents.

Son séjour à Charenton fut de courte durée, car le 27 mai il rentrait à Paris. Il se rendit de suite au séminaire, puis au Patronage, qui n'avait été fermé qu'une après-midi, celle pendant laquelle on s'était battu dans le quartier.

Je ne vous parlerai pas du dévouement que le Frère montra à cette époque pour notre Œuvre : il était presque seul pour la diriger, et il dut, par son zèle, suppléer les nombreux absents.

Dès le retour des Confrères, ils eurent à s'occuper de nouveau de l'organisation matérielle de la maison. Le Frère fut, comme toujours, le premier à la peine : malgré les échecs qu'il avait subis, sa résolution était aussi ferme qu'aux premiers jours. Il voyait grand nombre de chambres inoccupées dans la maison, et il ne pouvait se résoudre à les laisser ainsi improductives pour l'Œuvre. D'autre part, l'Orphelinat de Notre-Dame préservatrice venait d'être fondé par le Père Besserat, qui s'était chargé des enfants que nous avions recueillis dans la maison. Le dortoir fut alors transformé en petites chambres d'étudiants, dont la location devait être assez facile. Le concours du Frère fut des plus précieux pour tous ces aménagements. C'est au Frère que revient également l'idée d'une Commission administrative qui, tout en dépendant du Conseil pour les questions intéressant le Patronage, a néanmoins sa vie propre et sa pleine liberté pour gérer les affaires de la maison. L'établissement d'une pension pour les locataires présenta plus de difficultés. Le petit nombre fut pendant longtemps l'écueil qui empêcha le développement de cette table. Il fallait à la fois sauvegarder les intérêts des gens de service et ceux des pensionnaires. Que de diplomatie ne dut pas employer le Frère pour calmer les plaintes des deux parties? Il s'ingéniait à rendre mille petits services aux locataires pour compenser ainsi le peu de confort qu'ils trouvaient dans les chambres du Patronage, et il s'efforçait d'entretenir la gaieté qui, à ses yeux, devait faire oublier la vétusté des meubles et leur extrême simplicité.

Sa persévérance fut couronnée de succès, et maintenant la

maison est une ressource pour l'Œuvre, tout en étant, comme il le désirait, presque exclusivement habitée par des membres du Patronage.

Cependant la maladie de cœur dont souffrait le Frère Jean-Baptiste depuis plusieurs années avait fait des progrès inquiétants. Les moindres exercices lui causaient de grandes douleurs et il dut renoncer à se mêler aux jeux du Patronage. Parfois, pourtant, quand il voyait dans la cour un groupe d'enfants inactifs, craignant que l'ennui ne les éloignât de la maison, il faisait violence à la nature, et, malgré les souffrances, organisait avec eux quelque joyeuse partie. Presque toujours il était obligé d'abandonner le jeu, il s'en allait alors se reposer à la chapelle, en priant pour ceux qu'il venait de quitter.

Les forces du Frère diminuaient de jour en jour, et ses souffrances devenaient plus grandes. Jamais il ne se plaignait : l'offrande de ses douleurs à Dieu, les actes de résignation à la volonté divine qu'on lui entendait faire trahissaient seuls son mal. Il était, comme par le passé, affectueux et empressé pour tout le monde. Un jour, toutefois, il avoua à un de nos anciens présidents la gravité de sa maladie. « Mon pauvre ami, lui dit-il, vous ne me verrez plus longtemps. » Et comme notre Confrère l'engageait à parler à ses supérieurs de l'état inquiétant de sa santé. « Non, reprit-il, mes supérieurs qui ont pour moi une grande affection me forceraient à me soigner, ils m'enverraient à la campagne; et le Patronage? » Pauvre Frère, la plus grande douleur dont il pouvait souffrir, était l'éloignement de sa chère maison de Sainte-Mélanie. Il devait bientôt la quitter : la maladie le força à prendre le lit, et peu après il fut résolu qu'il serait transporté à la maison que les Pères du Saint-Esprit possèdent à Chevilly. On espérait que le repos et l'air de la campagne, s'ils n'amenaient sa guérison, arrêteraient, du moins, les progrès du mal.

Ce fut avec une grande tristesse que le 5 juin 1875 il quitta Paris, s'éloignant ainsi de sa chère Œuvre. Bien que très-court, le voyage fut fort pénible et fort douloureux : à son arrivée le malade était sans connaissance. On fut sur le point de l'extrémiser, mais il ne reçut les derniers sacrements que quelques jours plus tard. Le lendemain le R. Père général qui l'avait accompagné alla le voir; il causa longtemps avec lui, l'encouragea à se confier en Dieu et lui demanda en terminant s'il désirait quelque faveur. « Mon Révérend Père, lui dit le Frère, en souvenir des faibles services que j'ai pu rendre à la Congrégation, promettez-moi de ne jamais abandonner le Patronage. »

Le nouveau régime et le changement d'air amenèrent d'abord un mieux sensible; on eut même un moment l'espoir que le cher malade guérirait : lui-même se sentant plus fort, demandait à rentrer à Paris. Malheureusement ce mieux ne fut que passager : les symptômes alarmants reparurent, et les souffrances revinrent avec eux. Dieu lui accordait la grâce d'une douloureuse agonie. Rien ne fut plus triste que ses derniers moments, et pourtant cette longue lutte permit encore de voir combien il aimait le Patronage. Dans ses fréquents délires, on l'entendait appeler des enfants ou des Confrères et parler de Sainte-Mélanie, où son cœur se trouvait toujours. On a remarqué que toutes les fois que quelqu'un de nous venait le visiter, il le reconnaissait et retrouvait toute sa lucidité d'esprit pendant quelques instants. C'était pour lui un grand bonheur de voir les membres de l'Œuvre, et hâtons-nous de le dire, cette joie lui fut souvent donnée. Il ne se passait jamais plus de deux jours sans qu'un Confrère ou un ouvrier n'allât à Chevilly. Le soir de la veille de sa fête, malgré un temps affreux et la difficulté des chemins, les ouvriers vinrent lui offrir un bouquet. L'infirmier qui les introduisit exprima au malade combien cette démarche lui paraissait touchante. « Je les connais, moi, répondit celui-ci, cela ne m'étonne pas; je m'y attendais. J'aime bien le Patronage, mais on m'y aime bien aussi. »

Ce qui était le plus pénible au Frère pendant sa maladie, ce n'était pas la souffrance, mais l'inaction. « Ne pouvoir rien faire pour la gloire de Dieu ! » s'écriait-il souvent.

Le 5 octobre à 10 heures du soir, le Frère Jean-Baptiste rendit le dernier soupir. Il avait reçu dans l'après-midi la visite de deux membres du Patronage, et ne pouvant plus parler, leur avait témoigné par signes qu'il les reconnaissait.

Les obsèques eurent lieu deux jours après : une députation de plus de cinquante personnes, enfants, ouvriers et Confrères vinrent y assister et représenter le Patronage. Son corps fut porté au cimetière communal de Chevilly où il repose à l'extrémité de gauche.

Je n'ai pas, Messieurs et chers Confrères, en terminant ce travail, à juger la vie du Frère Jean-Baptiste. Vous l'avez connu et vos souvenirs vous permettent d'apprécier ses vertus ainsi que les services qu'il a rendus à l'Œuvre : mais qu'il me soit permis de dire, comme conclusion de cette notice, que peu de membres n'ont autant que lui aimé le Patronage et que personne ne s'y est dévoué plus que lui.

BAR-LE-DUC, IMPRIMERIE CONTANT-LAGUERRE.

www.ingramcontent.com/pod-product-compliance
Ingram Content Group UK Ltd.
Pitfield, Milton Keynes, MK11 3LW, UK
UKHW020411250726
13967UKWH00006B/2589

9 782013 04923